BEI GRIN MACHT SICH IHR WISSEN BEZAHLT

- Wir veröffentlichen Ihre Hausarbeit,
  Bachelor- und Masterarbeit

- Ihr eigenes eBook und Buch -
  weltweit in allen wichtigen Shops

- Verdienen Sie an jedem Verkauf

Jetzt bei www.GRIN.com hochladen und kostenlos publizieren

GRIN

Bibliografische Information der Deutschen Nationalbibliothek:

Die Deutsche Bibliothek verzeichnet diese Publikation in der Deutschen National-
bibliografie; detaillierte bibliografische Daten sind im Internet über http://dnb.d-
nb.de/ abrufbar.

Impressum:

Copyright © 2010 GRIN Verlag, Open Publishing GmbH
Druck und Bindung: Books on Demand GmbH, Norderstedt Germany
ISBN: 978-3-668-23559-5

Dieses Buch bei GRIN:

http://www.grin.com/de/e-book/323602/training-zur-steigerung-der-beweglichkeit-
testung-und-planerstellung

Leonie Gath

Training zur Steigerung der Beweglichkeit. Testung und Planerstellung

GRIN Verlag

GRIN - Your knowledge has value

Der GRIN Verlag publiziert seit 1998 wissenschaftliche Arbeiten von Studenten, Hochschullehrern und anderen Akademikern als eBook und gedrucktes Buch. Die Verlagswebsite www.grin.com ist die ideale Plattform zur Veröffentlichung von Hausarbeiten, Abschlussarbeiten, wissenschaftlichen Aufsätzen, Dissertationen und Fachbüchern.

Besuchen Sie uns im Internet:

http://www.grin.com/

http://www.facebook.com/grincom

http://www.twitter.com/grin_com

Deutsche Hochschule für

Prävention und Gesundheitsmanagement

Hermann Neuberger Sportschule 3

66123 Saarbrücken

Bitte ankreuzen:

___ **Kontrollaufgabe**

_x_ **Einsendeaufgabe**

Fachmodul: Trainingslehre III _____

Studiengang: BFÖ _____

Version Studienbrief: April 2010, v3.0 _____

(Datum des Vorwortes, Versionsnummer in Fußzeile des Studienbriefes)

Name, Vorname: Gath, Leonie _____

Studienort: **Frankfurt/Kelsterbach** _____

Semester: **WS 09** _____

Aufgabe 1)

Personendaten:

Tab.1: Darstellung der Personendaten

Alter	36
Geschlecht	Weiblich
Körpergröße	168cm
Körpergewicht	63,8kg (Ermittlung erfolgte nüchtern nach dem Aufstehen)
Trainingsmotive	1. Muskelaufbau 2. Linderung der Rückenschmerzen 3. Erhalt bzw. Verbesserung der Beweglichkeit um fit für den Alltag zu sein und um gesund zu bleiben 4. Sport als Ausgleich zum anstrengenden Beruf
Berufliche Tätigkeit	Industriekauffrau (hauptsächlich sitzende Tätigkeit mit wenig Bewegung)
Frühere und aktuelle sportliche Tätigkeiten	Leichtathletik im Kindes- und Jugendalter, derzeit Tennis (1x wöchentlich, je 1 Stunde) und Fitnesstraining (2x wöchentlich, je 1,5 Stunden)
Zeitlicher Verfügungsrahmen	Zusätzlich zum derzeitigen Training: 4x wöchentlich, je 1-2 Stunden

Tab.2: Allgemeiner Gesundheitszustand

Orthopädische Probleme	Leichte Rückenschmerzen im HWS – Bereich sowie in der LWS, meinstens nach der Arbeit
Internistische Probleme	Ab und zu niedriger Blutdruck
Ärztliche Behandlungen	Derzeit nicht in ärztlicher Behandlung, bekam jedoch bis vor Kurzem vom einem Physiotherapeut regelmäßige Massagen aufgrund ihrer Rücken- schmerzen
Einnahme von Medikamenten	keine Medikation
Sonstige gesundheitliche Ein- schränkugen	keine

→ **Bewertung im Hinblick auf die Belastbarkeit bzw. Trainierbarkeit der Person:**

Betrachtet man den allgemeinen Gesundheitszustand der Probandin, so lässt sich sagen, dass hier keine schwerwiegenden gesundheitlichen Einschränkungen vorliegen. Außer einem niedrigen Blutdruck, den sie nach eigenen Abgaben auch nur ab und zu hat, hat sie keine internistischen Probleme. Nach der Arbeit klagt sie häufig über Rückenschmerzen im Bereich der Hals – und Lendenwirbelsäule. Diese Schmerzen schränken sie allerdings nur gelegentlich im Alltag ein und haben nur eine geringe Auswirkung auf ihre Balastbarkeit. Nach Angaben des Physiotherapeuten ist eine nur schwach ausgeprägte Bauch- und Rückenmuskulatur der mögliche Grund für diese Schmerzen. Da sie keine weiteren gesundheitlichen Einschränkungen aufweist und einen angemessenen zeitlichen Verfügungsrahmen hat, steht dem Start eines zusätzlichen Beweglichkeitstrainings nichts im Wege. Die Probandin sammelte bereits Erfahrungen im Bereich des Fitnesstrainings und trainiert mitlerweile seit einem dreiviertel Jahr an Maschinen. Außerdem war sie schon im Kindes- und Jugendalter immer sportlich aktiv und lebt den aktiven Lebensstil bis heute weiter. Die Tatsache hilft bei der Trainingsplangestaltung enorm, da sie ihren

Körper durch den regelmäßigen Sport kennt und ihre Belastungsgrenzen einzuschätzen weiss. Dazu kommt, dass sich die Person an allgemein übliche Dehnübungen erinnert und ein gewisses Körpergefühl mitbringt. Selbst schätzt sie sich derzeit als etwas unbeweglich ein, konnte aber durch das gerätegestütze Krafttraining schon eine Verbesserung verbuchen. Diese Beweglichkeit möchte sie erhalten und wenn möglich weiterhin ausbauen. Der Muskelaufbau steht bei ihren Trainingsmotiven an oberster Stelle und soll beim fortlaufenden Training nicht zu kurz kommen. Da sich ein Beweglichkeits- und ein Krafttraining nicht gegenseitig ausschließen, sondern viel mehr ergänzen und voneinander profitieren, ergeben sich hervorragende Voraussetzungen für ein optimales Training. Aufgrund ihres Trainingsalters und der enormen Motivation die sie antreibt, wird die Probandin im Hinblick auf das Training als „Forgeschrittene" eingestuft. Ihre gute körperliche Verfassung und ihr Normalgewicht (BMI von 22,3) tragen ebenso zu einer höheren Beastbarkeit bei. Weiterhin bestehen keinerlei Kontraindikationen, welche die Trainierbarkeit und Belastbarkeit der Probandin einschränken könnten bzw. die ein Beweglichkeitstraining undenkbar machen. Die Probandin hat, mit 4 mal zusätzlichem Training wöchentlich, einen relativ hohen zeitlichen Rahmen zur Verfügung. Dies erleichtert die Trainingsplanung enorm und es können alle Trainingsmotiven gerecht behandelt werden.

Aufgabe 2)

Beweglichkeitstestung

Um bestimmte Funktionen des menschlichen Körpers zu überprüfen, verwendet man Muskelfunktionstests. Hier wird sowohl die Beweglichkeit als auch die Kraftfähigkeit ausgewählter Muskelgruppen geprüft. Im Folgenden wird ein vereinfachtes Testverfahren zur Beweglichkeitsdiagnostik in Anlehnung an die Muskelfuntionsüberprüfung nach Janda vorgestellt und durchgeführt, da die Variante von Janda weitaus komplizierter und zeitaufwendiger ist und zusätzlich ein hohes Maß an Erfahrung des Testers erfordert. Im folgenden Test werden die Brustmuskulatur (M. pectoralis major), die Hüftbeugemuskulatur (speziell M. iliopsoas), die Kniestreckmuskulatur (speziell M. rectus femoris), die Kniebeugemuskulatur (Mm. Ischiocrurales) und die Wadenmuskulatur getestet.

Hierbei gelten drei Interpretationsbereiche:

+ = normale bzw. gute Beweglichkeit; keine Beweglichkeitsdefizite

° = leicht eingeschränkte Beweglichkeit; nur geringe Beweglichkeitsdefizite

- = stark eingeschränkte Beweglichkeit; erhebliche Beweglichkeitsdefizite

Tab.3: Manueller Beweglichkeitstest (in Anlehnug an die Muskelfunktionsüberprüfung nach JANDA, 1986)

1. Testung der Brustmuskulatur (M. pectoralis major):
Testausführung:
- Proband nimmt Rückenlage auf Bahndlungsliege ein.
- Beine sind zur Beckenfixierung angewinkelt, die Füße haben Kontakt zur Auflagefläche.
- Die gestreckten Arme werden in der Horizontalen seitlich vom Körper weg nach hinten geführt (135-140° in der Horizontalebene).
- Die Handflächen zeigen dabei nach oben.
- Jetzt soll versucht werden die Arme so weit wie möglich abzulegen.
- Messbereich: Waagerechte Position des angehobenen Armes in Verlängerung der Körperlängsachse.
- Zu beachten: Ein Abheben des Becken oder eine Hyperlordose in der LWS manipulieren das Testergebnis -> Becken und LWS müssen also fixiert bleiben. Dies geschieht durch das Abstellen der angewinkelten Beine und die Anweisung „Bauch anspannen".
Testauswertung:
+ Oberarme liegen auf
° Oberarme liegen nicht auf, sind aber in der Horizontalen
- Oberarme liegen nicht auf und sind über der Horizontalen
2. Testung der Hüftbeugemuskulatur (speziell M. iliopsoas):
Testausführung:
- Proband nimmt Rückenlage auf Behandlungsliege ein.
- Gesäß schließt mit dem Rand der Liege ab, Beine sind im Überhang.
- Proband zieht ein angewinkeltes Bein maximal zum Körper heran (Tester kann unterstützen), das andere Bein ist im Überhang.

- Tester beobachtet die Hüftflexion des freien Beines.
- Messbereich: Position des Oberkörpers im Verhältnis zur Körperlängsachse (Hüftbeugewinkel)
- Zu beachten: Ein Abheben des Becken oder eine Hyperlordose in der LWS manipulieren das Testergebnis -> Becken und LWS müssen also fixiert bleiben. Dies geschieht durch den Zug am angewinkelten Bein bis zur maximalen Hüftflexion. Zieht der Proband das angewinkelte Bein selbst zum Körper, so kann der Tester eine Hand unter die LWS der Person schieben und Druck ausüben lassen. Somit wird die LWS zusätzlich fixiert.

Testauswertung:

+ 10-15° unter der Körperlängsachse

° 0° zur Körperlängsachse

- mehr als 0° über der Körperlängsachse

3. Testung der Kniestreckmuskulatur (speziell M. rectus femoris):

Testausführung:

- Proband nimmt Rückenlage auf Behandlungsliege ein.
- Gesäß schließt mit dem Rand der Liege ab.
- Beine sind im Überhang.
- Proband zieht ein angewinkeltes Bein maximal weit zum Körper, das andere Bein wird im maximal möglichen Hüftextensionswinkel durch den Tester fixiert.
- Nun wird dieses Bein durch den Tester in einen maximal möglichen Kniebeugewinkel geführt.
- Messbereich: Winkel zwischen Ober- und Unterschenkel (Kniebeugewinkel).
- Zu beachten: Ein Abheben des Becken oder eine Hyperlordose in der LWS manipulieren das Testergebnis -> Becken und LWS müssen also fixiert bleiben. Dies geschieht durch den Zug am angewinkelten Bein bis zur maximalen Hüftflexion. Die Beugung im Kniegelenk darf nicht durch die Auflagefläche bzw. die Liege behindert werden.

Testauswertung:

+ < 90° Kniegelenkwinkel
° 90° Kniegelenkwinkel
- > 90° Kniegelenkwinkel

4. Testung der Kniebeugemuskulatur (Mm. Ichiocrurales):

Testausführung:

- Proband nimmt Rückenlage auf Behandlungsliege ein.
- Beide Beine liegen auf.
- Nun wird ein Bein bei gestrecktem Kniegelenk in die maximal mögliche Hüftflexion geführt. Der Tester kann den Probanden dabei unterstützen.
- Messbereich: Winkel zwischen Oberschenkel und der Horizontalen (maximaler Hüftbeugewinkel).
- Zu beachten: Ein Abheben des Becken oder eine Hyperlordose in der LWS manipulieren das Testergebnis -> Becken und LWS müssen also fixiert bleiben. Dies geschieht weitgehend durch das Anziehen des gestreckten Beines und dadurch, dass das zu testende Bein gestreckt bleibt. Das andere Bein darf die Ausgangsposition nicht verlassen.

Testauswertung:

+ > 90° Hüftbeugewinkel

° ca. 80- 90° Hüftbeugewinkel

- < 80° Hüftbeugewinkel

5. Testung der Wadenmuskulatur (Mm. triceps surae):

Testausführung:

- Proband begibt sich aus dem Stand mit parallelen, hüftbreit aufgestellten Füßen in eine maximal mögliche Hockstellung.
- Oberkörper bleibt dabei möglichst aufrecht.
- Messbereich: Beobachtet wird ein eventuelles Anheben der Fersen.
- Zu beachten: Zusätzlich zum Abheben der Fersen muss die Oberkörperhaltung beobachtet werden. Durch ein weites Vorneigen des Oberkörpers kann ein Bweglichkeitsdefizit der Wadenmuskulatur kompensiert werden. Daher soll der Oberkörper beim Test möglichst aufrecht bleiben.

Testauswertung:

| Hockstellung ohne Abheben der Fersen

° wird hier nicht vergeben
- Abheben der Fersen

Tab.4: Übersicht Testergebnisse der Probandin

1. Testung der Brustmuskulatur (M. pectoralis major):   **Ergebnis: +**   ➜ Oberarme liegen auf, normale bzw. gute Beweglichkeit in der Brustmuskulatur, keine Beweglichkeitsdefizite
2. Testung der Hüftbeugemuskulatur (speziell M. iliopsoas):   **Ergebnis:** °   ➜ 0° zur Körperlängsachse, leicht eingeschränkte Beweglickkeit der Hüftbeugemuskulatur
3. Testung der Kniestreckmuskulatur (speziell M. rectus femoris):   **Ergebnis: +**   ➜ < 90° Kniegelenkwinkel, normale bzw. gute Beweglickeit der Kniestreckmuskulatur, keine Beweglichkeitsdefizite
4. Testung der Kniebeugemuskulatur (Mm. Ichiocrurales):   **Ergebnis:** °   ➜ Ca. 80-90° Hüftbeugewinkel, leicht eingeschränkte Beweglichkeit der Kniebeugemuskulatur
5. Testung der Wadenmuskulatur (Mm. triceps surae):   **Ergebnis: -**   ➜ Abheben der Fersen, Probandin musste den Oberkörper nach vorne neigen und wollte so ihr Defizit ausgleichen, hier liegt also eine eingeschränkte Beweglichkeit der Wadenmuskulatur vor, speziell des M. soleus.

➜ **Bewertung bzw. Interpretation der Testergebnisse:**

Allgemein sollte durch die Ausführung des obigen Tests das maximale Ausmaß der Gelenkwinkel aller beteiligten Gelenke bestimmt werden. Das Ziel war es also muskuläre Schwächen und bzw. oder Beweglichkeitsdefizite nachzuweisen. Nach der Auswertung der Testergebnisse wird ersichtlich, dass bei der Probandin einige solcher Beweglichkeitsdefizite vorliegen. Nur bei der Testung der Brust- und Kniestreckmuskulatur ließen sich keine Defizite feststellen, da sie bei der Ausführung ein „+" erreichte. Hüft- und Kniebeugemuskulatur hingegen zeigen eine leicht eingeschränkte Beweglichkeit, da die Probandin bei diesen Übungen nicht die optimalen Ergebisse erzielen konnte. Die Testung der Wadenmuskulatur ergab, dass die Probandin ein Beweglichkeitsdefizit in diesem Bereich hat. Betrachtet man die Personendaten der Probandin und die Tatsache, dass sie als Industriekauffrau eine sitzende Tätigkeit ausübt, so liegt nahe, dass die Beweglichkeitsdefizite der Hüft – und Kniebeugemuskulatur auf Muskelschwächen in diesen Bereichen beruhen. Durch das ständige Sitzen sind die Hüft- und Kniegelenke dauerhaft gebeugt und gewöhnen sich an diesen Zustand indem sich das maximale Ausmaß der jeweiligen Gelenkwinkel verrringert. Auch die Wirbelsäule leidet unter der beruflichen Tätigkeit der Probandin, da sie am Schreibtisch oft eine Schonhaltung einnimmt. Die schlechte Haltung führt auf Dauer zu Verspannungen und Schmerzen im HWS und LWS- Bereich. Nicht zuletzt, weil die Probandin bis vor kurzem kein Krafttraining betrieb und daher nur eine schwach ausgeprägte Muskulatur der oberen Extremitäten besaß. Dass die Brustmuskulatur eine normale bzw. gute Beweglichkeit aufweist, hängt vermutlich mit dem regelmäßigen Tennistraining der ihrerseits zusammen. Dadurch hat sie im Schultergelenk eine bessere Beweglichkeit als in den anderen Gelenken und auch die Muskulatur des Schultergürtels weist aus diesem Grund nur geringe Schwächen auf.

Dennoch konnte die Probandin bisher durch ihren meist aktiven Alltag, den sie außerhalb ihrer Arbeitszeiten führt, schlimmere Muskelschwächen und Defizite vermeiden. Das Gesamtergebnis ist also nicht gänzlich unzufriedenstellend. Um jedoch die Muskulatur des gesamten Körpers zu stärken, ihre Haltung zu verbessern und um weitere Schwächen und Defizite im Bereich der Beweglichkeit zu vermeiden, sollte die Probandin ihr wöchentliches Krafttraining mit einer maximalen Bewegungsamplitude durchführen. Gepaart durch ein optimal abgestimmtes Dehntraining können mit höchster Wahrscheinlichkeit alle bestehenden Defizite ausgeglichen und ihre allgemeine Beweglichkeit verbessert werden.

Aufgabe 3)

Trainingsplanung Beweglichkeitstraining

Erstellung einer Trainingsplanung für das Beweglichkeitstraining im Sinne eines Dehntrainings für die Probandin

- Schwerpunkt: M. trapezius, Mm. ichiocrurales, M.iliopsoas, M.soleus

Übung 1: Dehnung der seitlichen Nackenmuskulatur

Zielmuskulatur:

M. trapezius, pars descendens

Durchführung:

Aufrechten, stabilen Stand einnehmen. Die Knie sind leicht angewinkelt und die Füße stehen etwas weiter als hüftbreit auseinander. Das Becken wird fixiert. Der Rücken ist gerade, der Kopf in Verlängerung der Wirbelsäule. Nun wird der Kopf seitlich in Richtung Schulter geneigt, wobei die Blickrichtung permanent nach vorne bleibt. Die Dehnposition wird eingenommen, indem die zur Kopfneigung gegenüberliegende Schulter aktiv nach unten gezogen wird.

Dehnmethode (Dehnform/Arbeitsweise):

Aktiv/ statisch

Übung 2: Dehnung der Schulterblattfixatoren

Zielmuskulatur:

M. trapezius, pars descendens und pars transversa, M. rhomboideus major, M. erector spinae (speziell im Bereich der Halswirbelsäule)

Durchführung:

Aufrechten und stabilen Stand einnehmen, Spannung in der Rumpfmuskulatur aufbauen. Die Füße stehen etwas weiter als hüftbreit voneinander entfernt und die Knie sind leicht gebeugt. Der Rücken ist gerade und der Kopf in Verlänge-rung der Wirbelsäule. Nun werden die Hände verschränkt und in Schulterhöhe nach vorne vor den Körper geführt. Die Dehnposition wird eingenommen, indem

10

die Schulterblätter aktiv nach vorne gezogen werden. Die Schultern bleiben währenddessen unten und der Kopf wird zusätzlich leicht nach norne geneigt.

Dehnmethode (Dehnform/Arbeitsweise):

Aktiv/ statisch

Übung 3: Dehnung der Brust-und Armbeugemuskulatur

Zielmuskulatur: M. pectoralis major, M. deltoideus, pars clavicularis, M. biceps brachii

Durchführung:

Aufrechten und stabilen Stand einnehmen, Spannung in der Rumpfmuskulatur aufbauen. Die Füße stehen etwas weiter als hüftbreit voneinander entfernt und die Knie sind leicht gebeugt. Das Becken wird fixiert. Der Rücken ist gerade und der Kopf in Verlängerung der Wirbelsäule. Nun werden die Arme hinter dem Körper veschränkt und die Handflächen zeigen nach hinten. Die Dehnposition wird eingenommen, indem die gestreckten Arme aktiv nach hinten oben gezogen werden. Die Oberkörperhaltung bleibt währenddessen unverändert aufrecht.

Dehnmethode (Dehnform/Arbeitsweise):

Postisometrisch

Übung 4: Dehnung der Bauch- und Schultermuskulatur

Zielmuskulatur:

M. rectus abdominis, M. obliquus externus abdominis, M. obliquus internus abdominis, M. pectoralis major, M. latissimus dorsi

Durchführung:

Aufrechten und stabilen Stand einnehmen, Spannung in der Rumpfmuskulatur aufbauen. Die Füße stehen etwas weiter als hüftbreit voneinander entfernt und die Knie sind leicht gebeugt. Das Becken wird fixiert. Der Rücken ist gerade und der Kopf in Verlängerung der Wirbelsäule. Die gestreckten Arme werden maximal vom Körper abgespreizt und verschränkt nach oben über den Kopf geführt. Der Brustkorb wird nach vorne geschoben. Die Dehnposition wird eingenommen, indem der Oberkörper leicht zur Seite geneigt wird. Durch einen aktiven Zug nach oben an dem zur Beugeseite gegenüberliegenden Arm, wird die Dehnung zusätzlich verstärkt.

Dehnmethode (Dehnform/Arbeitsweise):

Aktiv/ statisch

Übung 5: Dehnung der Rückenstrecker

Zielmuskulatur:

M. erector spinae

Durchführung:

Vierfüßlerstand am Boden einnehmen. Physiologische Rückenhaltung, der Kopf ist in Verlängerung der Wirbelsäule. Der Oberkörper wird auf den Händen abgestützt, die etwas mehr als schulterbreit voneinander entfernt sind. Die Fingerspitzen zeigen leicht nach innen, während die Ellenbogen leicht nach außen zeigen und etwas gebeugt sind. Das Becken und die Beine werden auf den Knien abgestützt. Hüft – und Kniegelenk sind ebenso gebeugt. Die Dehnposition wird eingenommen, indem die Bauchmuskulatur aktiv angespannt wird und die Wirbelsäule im Rahmen ihres physiologischen Bewegungsspielraumes nach oben gewölbt wird.

Dehnmethode (Dehnform/Arbeitsweise):

Aktiv/ statisch

Übung 6: Dehnung der Hüftbeuger

Zielmuskulatur:

M. iliopsoas, M. rectus femoris

Durchführung:

Stabile Schrittstellung am Boden einnehmen. Der Rücken ist gerade, der Kopf in Verlängerung der Wirbelsäule. Das vordere Bein ist im Kniegelenk gebeugt, so dass der Fuß vor dem Knie steht. Das Bein wird mit dem gesamten Fuß abgestützt. Der Oberkörper wird auf dem vorderen Bein mit den Händen abgestützt. Das hintere Bein liegt mit dem Knie und dem kompletten Unterschenkel auf. Die Dehnposition wird eingenommen, indem der Körperschwerpunkt nach unten verlagert wird und das Becken nach unten vorne geschoben wird. Der Oberkörper bleibt während der Dehnung in der Vertikalen fixiert.

Dehnmethode (Dehnform/Arbeitsweise):

Aktiv/ dynamisch

Übung 7: Dehnung der Beinstrecker

Zielmuskulatur:

M. quadriceps femoris

Durchführung:

Stabile, aufrechte Standposition einnehmen. Die Beine sind leicht gebeugt und die Füße etwa hüftbreit voneinander entfernt. Der Rücken ist gerade und der Kopf befindet sich in Verlängerung der Wirbelsäule. Spannung in Gesäß- und Rumpfmuskulatur aufbauen. Mit einer Hand wird das gleichseitige Bein am Unterschenkel, knapp über dem Sprunggelenk, erfasst und die Ferse wird maximal zum Gesäß gezogen. Die Dehnposition wird eingenommen, indem die Hüfte nach vorne geschoben und gestreckt wird. Der freie Arm kann dazu genutzt werden um den Oberkörper auszubalancieren oder um sich an einer Wand oder Ähnlichem festzuhalten. Während der Übungsausführung sind beide Oberschenkel parallel zueinander und das Knie des gedehnten Beines zeigt vertikal nach hinten, während das Knie des stabilisierenden Beines leicht gebeugt ist.

Dehnmethode (Dehnform/Arbeitsweise):

Passiv/ statisch

Übung 8:Dehnung der Beinbeuger

Zielmuskulatur:

Mm. Ichiocrurales – M. biceps femoris, M. semimembranosus, M. semitendinosus

Durchführung:

Stabile, aufrechte Standposition einnehmen. Die Beine sind leicht gebeugt während die Füße ca. hüftbreit voneinander entfernt sind. Der Rücken ist gerade, der Kopf in Verlängerung der Wirbelsäule. Spannung in Gesäß- und Rumpfmuskulatur aufbauen. Ein Bein wird nahezu gestreckt nach vorne aufgesetzt, so dass hier eine leichte Schrittstellung entsteht. Das hintere Bein ist gebeugt. Die Dehnposition wird eingenommen, indem der Oberkörper nach vorne geneigt wird bzw. das Hüftgelenk gebeugt wird. Der Rücken bleibt während dieser Dehnübung dauerhaft in seiner physiologischen Krümmung.

Dehnmethode (Dehnform/Arbeitsweise):

Aktiv/statisch

Übung 9: Dehnung der Adduktoren

Zielmuskulatur: M. pectineus, M. adduktor longus, adduktor magnus, M. adduktor brevis

Durchführung:

Aufrechte, stabile Sitzposition am Boden einnehmen. Der Rücken ist gerade, der Kopf in Verlängerung der Wirbelsäule. Die Beine sind im Kniegelenk gebeugt und werden im Schneidersitz positioniert. Die Fußsohlen zeigen zueinander. Die Dehnposition wird eingenommen, indem die Beine an der Oberschenkelinnenseite durch Partnerhilfe (oder durch die eigenen Ellenbogen) nach unten in Richtung Boden gedrückt werden.

Dehnmethode (Dehnform/Arbeitsweise):

Passiv/ dynamisch

Übung 10: Dehnung der Wadenmuskulatur

Zielmuskulatur:

M. gastrocnemius, M. soleus

Durchführung:

Stabilen, aufrechten Stand einnehmen. Spannung in der Rumpfmuskulatur aufbauen. Leichte Schrittstellung einnehmen. Der Rücken ist gerade, der Kopf in Verlängerung der Wirbelsäule. Ein Bein wird gestreckt nach hinten abgesetzt und mit der ganzen Fußsohle auf dem Boden abgesetzt. Das andere Bein wird mit gebeugtem Kniegelenk vor dem Körper platziert. Der Oberkörper ist leicht nach vorne gebeugt und wird mit den Händen auf dem Bein abgestützt. Der Oberkörper und der Oberschenkel des hinteren Beines bilden eine Linie. Die Zehen beider Füße zeigen nach vorne. Die Dehnposition wird eingenommen, indem durch

14

die Beugung des vorderen Beines der Körperschwerpunkt nach unten verlagert wird und dadurch die Dorsalextension im hinteren Bein vergößert wird.

Dehnmethode (Dehnform/Arbeitsweise):

Aktiv/dynamisch

Tab.5: Belastungsgefüge des Dehnprogramms

Belastungsgefüge:	
Trainingshäufigkeit pro Woche:	4x (2x nach dem Krafttraining wenn die Mineralstoffspeicher und Wasserhaushalt aufgefüllt wurden, 2x zusätzlich in augewärmten Zustand)
Sätze pro Übung:	3
Dehndauer:	40- 45 Sekunden
Intensität:	Möglichst intensiv und unter hoher Dehnspannung, aber noch unterhalb der maximal tolerierbaren Schmerzgrenze.

→ **Begründung der Trainingsplanung unter Bezugnahme auf die Personendaten und die Ergebnisse des Beweglichkeitstest:**

Aufgrund der Ergebnisse des zuvor ausgeführten Beweglichkeitstests, der orthopädischen Beschwerden der Probandin und ihrer meist sitzenden Tätigkeit, liegt der Schwerpunkt des Dehntrainings auf der Rückenmuskulatur, der Oberschenkelmuskulatur, der Kniebeugemuskulatur und der Wadenmuskulatur (speziell: M. trapezius, Mm. ichiocrurales, M.iliopsoas, M.soleus). Da in der Brust- und Kniestreckmuskulatur eine normale bzw. gute Beweglichkeit vorliegt, werden diese nur vollständigkeitshalber in das Training einbezogen. Auch, um zukünftig Dysbalancen zu vermeiden und um die Beweglichkeit dieser Gelenke dauerhaft zu erhalten. Die Vielzahl der Übungen und Methoden soll positive Auswirkungen auf das körperliche Wohlbefinden der Probandin haben und einen möglichst hohen Nutzen für die Alltagsbelastbarkeit aufweisen.

Die Schreibtischarbeit der Probandin führt unablässig zu einer Schonhaltung der Wirbelsäule. Weil die Arme ständig vor dem Körper abgelegt werden und die

Schultern dadurch vorfallen, ist der Rücken während der Arbeitszeit meist rund und die Belastung der Zwischenwirbelscheiben hoch. Mit Hilfe von Dehnübungen, die den Oberkörper gezielt aufrichten und die Schulterblätter aktiv zusammenbringen, soll der schlechten Haltung entgegengewirkt werden. Dies geschieht bei den Übungen 1 bis 4. Weiterhin werden die Dehnübungen systhematisch von den oberen bis hin zu den unteren Extremitäten durchgeführt.

Da die Probandin als „Fortgeschrittene" eingestuft wurde und bereits Vorkenntnisse im Bereich des Dehnens hat, variiert der Schwierigkeitsgrad der Übungen. Auch koordinativ etwas anspruchsvollere Übungen wurden in den Trainingsplan eingebaut. Im Rahmen einiger Untersuchungen haben GLÜCK et al. (2002) herausgefunden, dass es sinnvoller ist, sich selbst zu dehnen (Eigendehnung) als sich dehnen zu lassen. Da die Variante der Eigendehnung laut dieser Studien zu einer größeren Reduktion der Dehnungsspannung und zu einer höheren Bewegungsreichweite führen soll und den Sportler „Herr der Situation" sein lässt, wurde die Eigendehnung auch hier als bevorzugte Lösung gewählt. Um allerdings eine gewisse Abwechslung zu gewährleisten wird Übung 9, die Dehnung der Adduktoren, mit Hilfe von Fremdeinwirkung durchgeführt.

Auch bei der Auswahl der Dehnmethode wurde auf die Vermeidung einer Monotonie Rücksicht genommen. Alle Dehnformen und Arbeitsweisen finden im Dehntraining ihren Platz, nicht zuletzt weil ihnen verschiedene Vorteile zugeschrieben werden. Laut SCHOBER et al. (2002) fördern beispielsweise dynamische Dehnungen die Regenerationsfähigkeit der Muskulatur, während statische Dehnungen diese eher zu hemmen scheinen. Außerdem wird das dynamische Dehnen sogar oftmals als gesundheitsfördernd angesehen. Deswegen wird es im obigen Programm sowohl mit passiven als auch mit aktiven Dehnformen kombiniert. Aufgrund der einfachen Durchführbarkeit des statischen Dehnens und weil die Probandin keine Schnellkraft – Sportart mehr ausübt, worauf sich das statische Dehnverfahren nachteilig auswirken könnte (vgl. HENNIG und PODZIELNY, 1994), findet auch diese Variante des Öfteren eine Verwendung in ihrem Training. Um weiterhin einen Methodenpluralismus zu praktizieren, findet auch die postisometrische Dehnmethode (CHRS) im Trainingsplan ihren Platz.

Das Belastungsgefüge des Dehnprogramms richtet sich hauptsächlich nach dem zeitlichen Verfügungsrahmen und den Trainingsmotiven der Probandin. Ein tägliches Dehntraining ist als Optimalprogramm anzusehen. Da die Person aber nicht ausreichend Zeit für ein Solches hat und zusätzlich noch Krafttraining über die volle ROM (range of motion) durchführt, wird die Trainingshäufigkeit auf vier mal wöchentlich festgelegt. Zwei mal soll das Dehnen nach dem Krafttraining und anschließendem Auffüllen der Mineralstoffspeicher und des Wasserhaushaltes durchgeführt werden und zwei mal als separates Training nach einer kurzen Aufwärmphase. Da, laut gegenwärtigem Stand der Forschung, ein Dehntraining mit 4 (oder mehr) Sätzen keine zusätzlichen Effekte mit sich bringt, wird die Satzzahl pro Übung auf drei festgelegt. Auch bei der optimalen Dauer für eine Dehnübung gibt es verschiedene wissenschaftliche Ansichten. Um allerdings ein akzeptables Ergebnis zu erzielen, wird die Dauer hier auf 40-45 Sekunden pro Übung limitiert. Auch wenn die Intensität einer Dehnung aus wissenschaftlicher Sicht möglichst hoch (nahe zu an der maximal tolerierbaren Schmerzgrenze) liegen soll, ist es jedoch aus pädagogischer Sicht sinnvoller ein Dehnen unterhalb dieser Schmerzgrenze durchzuführen. Dennoch soll die Übung eine möglichst hohe Dehnspannung erzeugen.

Aufgabe 4)

Trainingsplanung Koordinationstraining

-   **Erstellung einer Trainingsplanung für das Koordinationstraining im Sinne eines Gleichgewichtstrainings**

Ziel der methodischen Übungsreihe (MÜR):

Einbeinstand auf einem Wackelbrett während ein Flexibar mir beiden Armen waagerecht über dem Kopf geschwungen wird.

Verwendete Kleingeräte bzw. Hilfsmittel:

MFT Fit disc, Flexibar, Gymnastikmatte

Übung 1 (Vorübung): Zehenspitzenstand

Hilfsmittel: keine

Durchführung:

Aufrechten und stabilen Stand auf einem flachen Untergrund einnehmen. Die Füße sind etwa hüftbreit voneinander entfernt. Grundspannung im Bauch und im

Gesäß aufbauen. Der Rücken ist gerade und der Kopf in Verlängerung der Wirbelsäule. Die Hände stützen sich an der Hüfte ab. Die Knie sind leicht gebeugt. Nun verlassen die Fersen den Boden und man rollt sich über den Mittelfuß auf die Zehenspitzen. Diese Position wird gehalten. Das Körpergewicht muss nun von den Fußspitzen getragen werden. Während des Zehenstandes sind die Arme nach hinten angewinkel und werden erst wieder nach vorne geneigt, wenn die Position aufgehoben wird.

Übung 2: Zehenspitzenstand mit geschlossenen Augen

Durchführung:

Siehe Übung 1. Zusatz: Beide Augen sind während der Übung geschlossen.

Übung 3: Einbeinstand

Hilfsmittel: keine

Durchführung:

Aufrechten und stabilen Stand auf einem flachen Untergrund einnehmen. Die Füße sind hüftbreit voneinander entfernt und die Knie leicht gebeugt. Im Rumpf und im Gesäß wird eine Grundspannung aufgebaut. Nun löst sich ein Fuß vom Boden und das Gleichgewicht muss mit dem Bein, welches noch am Boden steht, gehalten werden.

Übung 4: Einbeinstand auf Matte

Hilfsmittel: Gymnastikmatte

Durchführung:

Eine Gymnastikmatte wird zusammengerollt und auf einem stabilen Untergrund abgelegt. Die Probandin nimmt einen hüftbreiten und aufrechten Stand auf der Matte ein. Die Ausführung erfolgt nun wie in Übung 3 (siehe oben).

Übung 5: Einbeinstand mit Anstupsen durch Partner

Hilfsmittel: keine

Durchführung:

Wie in Übung 3 wird auch hier ein Einbeinstand auf festem Untergrund durchgeführt. Ein Trainingspartner oder der Trainer selbst geben nun zusätzlich kleine Impulse, die die Gleichgewichtsfähigkeit fordern, indem sie die Probandin anstupsen. Die Stupser sind allerdings nur leicht und erfolgen kontrolliert. Sie sollen überall am Körper eingesetzt werden. Der Partner muss der Probandin zwischen zwei Stupsern Zeit genug geben, um sich wieder ausbalancieren zu können.

Übung 6: Beidbeiniger Barfußstand auf dem Wackelbrett

Hilfsmittel: MFT Fit disc

Durchführung:

Vor der Übung werden sowohl die Schuhe als auch die Socken ausgezogen. Es wird ein stabiler und aufrechter Stand auf dem Boden vor dem Wackelbrett eingenommen. Die Knie sind hierbei leicht gebeugt. Der Rücken ist gerade und der Kopf in Verlängerung der Wirbelsäule. Eine Grundspannung im Gesäß und der Rumpfmuskulatur wird aufgebaut. Nur setzt man ein Bein nach dem anderen auf die graue Fläche des Wackelbrettes, sprich die Füße stehen auf dem Brett parallel zueinander. Während der Übung wird versucht das Brett horizontal zu halten, möglichst ohne den seitlich den Boden zu berühren. Die Hände können zum Ausbalancieren genutzt werden oder sind in die Hüften gestützt. Die Knie bleiben durchgehend leicht gebeugt. Auch die Körperspannung ist vorhanden.

Übung 7: Einbeinstand auf dem Wackelbrett

Hilfsmittel: MFT Fit disc

Durchführung:

Es wird ein stabiler und aufrechter Stand auf dem Boden vor dem Wackelbrett eingenommen. Die Knie sind hierbei leicht gebeugt. Der Rücken ist gerade und der Kopf in Verlängerung der Wirbelsäule. Eine Grundspannung im Gesäß und der Rumpfmuskulatur wird aufgebaut. Nun wird ein Fuß in die Mitte des Wackelbrettes auf den grauen Punkt gesetzt, das andere Bein ist leicht angewinkelt und frei vom Boden. Das Standbein ist im Kniegelenk gebeugt und im gesamten Körper herrscht eine hohe Spannung. Jetzt wird versucht mit einem Bein das

Gleichgewicht auf dem Brett zu halten. Die Hände können zum Ausbalancieren genutzt werden oder sind in die Hüften gestützt.

Übung 8: Flexibar- Schwingen waagerecht

Hilfsmittel: Flexibar

Durchführung:

Aufrechten und stabilen Stand auf einem festen Untergrund einnehmen. Die Knie sind leicht gebeugt und die Füße stehen etwas breiter als hüftbreit voneinander entfernt. Der Rücken ist gerade und der Kopf in Verlängerung der Wirbelsäule. Vor allem im Gesäß und in der Rumpfmuskulatur wird Körperspannung aufgebaut. Der Flexibar wird mit beiden Händen waagerecht festgehalten und befindet sich in etwa auf Brusthöhe. Die Arme sind im Ellenbogengelenk noch leicht gebeugt, die Schultern bleiben tief. Die Impulse werden nach vorne gegeben und der Stab schwingt parallel zum Boden.

Übung 9: Flexibar- Schwingen waagerecht und über Kopf

Hilfsmittel: Flexibar

Durchführung:

Aufrechten und stabilen Stand auf einem festen Untergrund einnehmen. Die Knie sind leicht gebeugt und die Füße stehen etwas breiter als hüftbreit voneinander entfernt. Der Rücken ist gerade und der Kopf in Verlängerung der Wirbelsäule. Vor allem im Gesäß und in der gesamten Rumpfmuskulatur wird Körperspannung aufgebaut. Der Flexibar wird beidhändig und waagerecht über dem Kopf festgehalten. Die Arme sind im Ellenbogengelenk etwas gebeugt, die Schultern bleiben tief und werden aktiv nach unten gezogen. Die Impulse werden nach oben in Richtung Decke gegeben. Der Blick wird nach vorne gerichtet.

Übung 10: Flexibar- Schwingen waagerecht und über Kopf, dabei Stand auf der Matte

Hilfsmittel: Flexibar, Gymnastikmatte

Durchführung:

Siehe Übung 9. Zusatz: Die Probandin steht während der Übungsdurchführung auf einer zusammengerollten Gymnastikmatte.

Übung 11: Flexibar- Schwingen waagerecht über dem Kopf, dabei beidbeiniger Stand auf Wackelbrett

Hilfsmittel: Flexibar, MFT Fit disc

Durchführung:

Siehe Übung 9 und 10. Zusatz: Die Probandin steht während der Durchführung der Gleichgewichtsübung mit gebeugten Kniegelenken und parallelen Füßen auf der grauen Fläche des Wackelbrettes.

Übung 12 (Zielübung): Flexibar- Schwingen waagerecht über dem Kopf, dabei einbeiniger Stand auf dem Wackelbrett

Hilfsmittel: Flexibar, MFT Fit disc

Durchführung:

Es wird ein stabiler und aufrechter Stand auf dem Boden vor dem Wackelbrett eingenommen. Die Knie sind hierbei leicht gebeugt. Der Rücken ist gerade und der Kopf in Verlängerung der Wirbelsäule. Eine Grundspannung im Gesäß und der Rumpfmuskulatur wird aufgebaut. Nun wird ein Fuß in die Mitte des Wackelbrettes auf den grauen Punkt gesetzt, das andere Bein ist leicht angewinkelt und frei vom Boden. Das Standbein ist im Kniegelenk gebeugt und im gesamten Körper herrscht eine hohe Spannung. Jetzt wird versucht mit einem Bein das Gleichgewicht auf dem Brett zu halten. Der Flexibar wird beidhändig und waagerecht über dem Kopf festgehalten. Die Arme sind im Ellenbogengelenk etwas gebeugt, die Schultern bleiben tief und werden aktiv nach unten gezogen. Die Impulse werden nach oben in Richtung Decke geggben. Der Blick wird nach vorne gerichtet.

Tab.6: Belastungsgefüge des Koordinationstrainings

Belastungsgefüge	
Trainingshäufigkeit pro Woche:	2x
Sätze pro Übung:	2-3
Satzpausen:	60 Sekunden
Belastungsdauer:	40 Sekunden

→ **Begründung des Koordinationstrainingsprogramms unter Bezugnahme auf die Personendaten:**

Ein Koordinationstraining kann viele Anwendungsbereiche haben. Das hier aufgeführte Training wird als ein allgemeines, sportartbegleitendes Koordinationstraining durchgeführt, welches die Aufgabe hat, das Bewegungsrepertoire der Probandin zu vervollkommnen. Da Verbesserungen von Kraft- und Ausdauerleistungen oftmals durch ein erhöhtes Koordinationsvermögen erklärt werden, erscheint es auch in diesem Falle sinnvoll ein Solches durchzuführen. Gerade weil die Probandin zusätzlich ein gerätegestütztes Krafttraining durchführt und in ihrer Freizeit zusätzlich Tennis spielt. Unter Berücksichtigung des Leistungsstandes und der Trainingsmotive der Probandin soll das Koordinationstraining hauptsächlich die tieferliegende, gelenkumgebende Muskulatur ansprechen und stärken. Zum Einen um Alltagsbewegungen ökonomisierter ausführen zu können und zum Anderen um sie dauerhaft von ihren Rückenschmerzen zu befreien. Um eine Abwechslungsvielfalt und eine Belastungsvariation zu gewährleisten, wurden bei der Auswahl der Hilfsmittel die MFT Fit Disc, eine Gymnastikmatte und ein Flexibar gewählt. Sowohl die zusammengerollte Gymnastikmatte als auch die MFT Fit Disc schulen die Körperwahrnehmung und intramuskuläre Koordination. Auch eine optimale Stabilisierung der Wirbelsäule und der Gelenke sind der Nutzen der MFT Fit Disc. Die Impulsgebung durch den Flexibar, kann eine positive Wirkung auf die Körperspannung und somit auf die Haltung der Probandin haben. Bei der Übungsabfolge wurden die methodisch- didaktischen Prinzipien „ vom Bekannten zum Unbekannten", „ vom Leichten zum Schweren" und „vom Einfachen zum Komplexen" angewandt. Insbesondere um allgemein-koordinative und/ oder konditionelle Überforderungen zu vermeiden.

Nach HARRE (1979, 191) gibt es verschiedene Methoden zur Schulung der koordinativen Fähigkeiten. Diese kommen auch in obiger Trainingsplanung zur Anwendung. Zum Einen die Variation der Bewegungsausführung, indem die Ausgangsstellung der Bewegungen verändert wird. Weiterhin werden die äußeren Bedingungen geändert, indem verschiedene Kleingeräte und Hilfsmittel eingesetzt werden. Auch Übungen unter Zeitdruck (reaktionsschulende Übungen) und Übungen, bei denen die Informationsaufnahme variiert (hier: Zehenspitzenstand mit geschlossenen Augen) finden in der Trainingseinheit ihren Platz. Zusätzlich muss die Probandin bei der Zielübung, dem Einbeinstand auf dem Wackelbrett mit Schwingen des Flexibars über dem Kopf, mehrere Bewegungsfähigkeiten auf einmal kombinieren und wird hierbei mit gezielt überschwelligen Belastungsreizen systematisch gefordert, sodass sie durch einen Mehrausgleich nach und nach ein höheres Leistungsniveau erreichen wird.

Bei der Erstellung des Belastungsgefüges wurde wieder auf die Belastbarkeit der Probandin und ihren zeitlichen Verfügungsrahmen Rücksicht genommen. Da das Beweglichkeitstraining bereits 4x wöchentlich, entweder nach dem Training oder gesondert stattfindet, bleibt für das Koordinationstraining nur zwei mal wöchentlich Zeit. Das ist nicht weiter dramatisch, da das Koordinationstraining auf diese Weise optimal vor dem wöchentlichen Fitnesstrainng, mit einem unermüdeten Körper, stattfinden kann. Um den Zeitrahmen der Probandin jedoch nicht zu sprengen, werden 2-3 Sätze, mit einer Belastungsdauer von 40 Sekunden und einer Pausendauer von jeweils 60 Sekunden durchgeführt. Die Pausendauer kann langfristig auch verkürzt werden um die Reizdichte zu erhöhen und weitere Anpassungsprozesse zu ermöglichen.

Aufgabe 5)

Literaturrecherche

Thema: Effekte des Dehnens im Hinblick auf eine Verbesserung der sportlichen Leistungsfähigkeit

Studie 1: „Muskeldehnung zur Leistungsverbesserung im Sprint"

Wer hat die Studie durchgeführt?

Prof. Dr. Klaus Wiemann und Priv.- Doz. Dr. Andreas Klee

In welchem Jahr wurde die Studie publiziert?

Die Studie wurde im Jahr 1992 erhoben und im darauffolgenden Jahr, 1993, publiziert.

Mit welchen Versuchspersonen wurde die Studie durchgeführt?

Als Probanden dienten 32 männliche Studierende des Faches Sport der Bergischen Universität Wuppertal. Diese durchliefen an drei Tagen im Abstand von einer Woche den unten genannten Versuch.

Wie sah der Versuchsaufbau der Studie aus?

Um die Wirkung des Dehnens auf die Sprintleistung zu testen, wurden als Vortests, nach einem 15 minütigen Aufwärmprogramm ohne Dehnübungen, zwei Kurzsprints im Abstand von fünf Minuten durchgeführt. Durch Infrarot- Doppellichtschranken wurden an der 5m Marke und an der 40m Marke die Zeiten der Probanden registriert. Die digitale Zeitmessung erfolgte auf 1/1000s genau. Für die Sportstudenten stand eine Auslaufzone von 15 Metern zur Verfügung.

Nach dem Vortest absolvierte die Beuger-Dehn-Gruppe DB ein 15 minütiges Dehnprogramm der Hüftbeugemuskulatur (Dehnung des M. iliopsoas, M. rectus femoris, M. sartorius, Dehnmethode: passiv – dynamisch, Umfang: 3 Serien à 3 Wiederholungen) und die Strecker-Dehn-Gruppe DS ein 15 minütiges Dehnprogramm der Hüftstreckmuskulatur (Dehnung des M. glutaeus maximus, Mm. ischiocrurales, M. adductor magnus, Dehnmethode: passiv- dynamisch, Umfang: 3 Serien à 3 Wiederholungen) durch. Die dritte Gruppe, Kontrollgruppe L absolvierte kein Dehnprogramm, sondern einen 15 minütigen Dauerlauf. Unmittelbar danach wurden, unter identischen Bedingungen wie im Vortest, zwei Kurzsprints durchgeführt. Alle Sprints erfolgten in einer Halle aus aufrechter Startposition.

Welche relevanten Ergebnisse und Schlussfolgerungen lieferte die Studie?

Im der Studie sollte überprüft werden, ob das Realisieren eines Dehnungsprogramms für die leistungsbestimmenden Muskeln beim Sprint unmittelbar vor diesem die Leistung beeinflussen kann. Dabei wurde hypothetisch davon ausgegangen, dass ein Dehnen die Sprintleistung verbessert.

Als Hauptergebnis zeigten sich in allen Gruppen erhöhte Sprintzeiten gegenüber dem Vortest. Während sich die Minimalzeit der Kontrollgruppe nur wenig veränderte, verschlechterte sich die Sprintleistung der Gruppen DB und DS beim

Nachtest um durchschnittlich 0,14s im Vergleich zum Vortest. Vergleicht man alle jeweiligen ersten Läufe des Vortests mit denen des Nachtests, erhöhten sich auch hier die Sprintzeiten in allen Gruppen. Vergleicht man aber die jeweils zweiten Läufe, so verlängerten sich nur die Zeiten der beiden Dehngruppen, nicht aber die der Kontrollgruppe L. In allen drei Gruppen zeigte sich eine signifikante Verschlechterung der Sprintzeiten im Verlauf der drei Läufe. Vom zweiten Vortest- Lauf zum ersten Nachtest- Lauf wurden nur die Sprintzeiten der beiden Gruppen DB und DS länger, allerdings verbesserten sich deren Zeiten im zweiten Nachtest- Lauf im Vergleich zum ersten Nachtest- Lauf. Die Zeiten des zweiten Nachtest- Laufs waren jedoch höher als die Zeiten der beiden Vortestläufe. In Gruppe L veränderten sich die Zeiten des zweiten Nachtest- Laufs nicht signifikant im Vergleich zum ersten Nachtest- Lauf. Die Entwicklung der Sprintzeiten präsentiert sich also nur im Vortest gleichmäßig in allen drei Gruppen. Innerhalb des Nachtests zeigten nur die beiden Dehngruppen DB und DS eine gleichsinnige Verbesserung der Sprintzeiten, während sich die Sprintzeiten der Probanden der Kontrollgruppe L im Verlauf der beiden Nachtest- Läufe verschlechterten.

Im Mittelpunkt des Forschungsprojektes stand die Frage nach der Leistungssteigerung beim Sprint durch eine vorangegangene Dehnungsmaßnahme. Das Sprintexperiment konnte die erwartete Verbesserung der Leistung aber nicht bestätigen. Stattdessen verschlechterte sich die Sprintleistung der beiden Dehngruppen vom zweiten Lauf des Vortests zum ersten Lauf des Nachtests entscheidend. Diese Verschlechterung der Leistung ist eindeutig der grundsätzlichen Dehnungsmaßnahme zuzuschreiben und nicht der unterschiedlichen Dehnung (Hüftstreck – und Hüftbeugemuskulatur), denn in der Kontrollgruppe ließ sich keine Leistungsminderung beim ersten Nachtest im Vergleich zum zweiten Vortest feststellen. Hier liegt nahe, dass durch das 15 minütige vorangegangene Dehntraining der Gruppen DB und DS eine Leistungsverschlechterung aufgrund von Ermüdung der Muskulatur und des neuromuskulären Systems hervorgerufen wurde. Allerdings zeigten beide Gruppen keine signifikante weitere Verschlechterung vom ersten zum zweiten Nachtest-Lauf. Es hat sich also keine zusätzliche Ermüdung, wie vermutet eingestellt, sondern die Leistungsverschlechterung klang im Verlauf der beiden Nachtests ab.

Studie 2: „ Dehnen und Leistung – primär psychophysiologische Entspannungseffekte"

<u>Wer hat die Studie durchgeführt?</u>

Prof. Dr. rer. medic. Josef Wiemeyer

<u>In welchem Jahr wurde die Studie publiziert?</u>

Die Studie wurde im Jahre 2003 in der Deutschen Zeitschrift für Sportmedizin veröffentlicht.

<u>Mit welchen Versuchspersonen wurde die Studien durchgeführt?</u>

An der Untersuchung nahmen 14 erwachsene männliche und webliche Testpersonen teil. (Alter: M= 21; Größe: M= 174cm; Gewicht: M= 66kg; 6 Frauen und 8 Männer)

<u>Wie sah der Versuchsaufbau der Studien aus?</u>

Kriteriumsaufgabe war es vertikale Strecksprünge mit Ausholbewegung durchzuführen (Jump- and- Reach- Test). Als abhängige Variable wurde die Sprunghöhe als Differenz zwischen der Reichhöhe im Stand (frontal zur Wand) und der Reichhöhe während des Sprungs (seitlich zur Wand) gemessen. Unter jeder Testbedingung wurden jeweils vier Sprünge durchgeführt, wobei der Mittelwert aller Sprünge für die Analyse genutzt wurde.

Es gab zwei verschiedene Testtage mit zwei unterschiedlichen Phasen. Jede Versuchsperson nahm an beiden Tagen teil und absolvierte ebenso beide Phasen. Die Phasen waren Folgende: **Phase A:** Dehnungsübungen (3 Muskeln jeweils 3 mal 20s halten) - insgesamt 6 Min. statisches Dehnen, **Phase B:** Entspannung - 6 Min. meditative Atementspannung mit Musik und Text im Droschkenkutschersitz auf einem Stuhl. Somit war es möglich auch die Aufwärmeffekte auf die Sprungleistung zu erfassen.

Tab.7: Phasen der durchgeführten Studie (vgl. WIEMEYER, 2003)

Dehnen (A-Phase)	Entspannung (B- Phase)
4 Standhochsprünge	4 Standhochsprünge
5 Min. standardisiertes Aufwärmen (Lauf- und Sprungübungen)	5 Min. standardisiertes Aufwärmen (Lauf- und Sprungübungen)
4 Standhochsprünge	4 Standhochsprünge
statisches Dehnen (6 Min.)	*Entspannung (6 Min.)*
4 Standhochsprünge	4 Standhochsprünge

Welche relevanten Ergebnisse und Schlussfolgerungen lieferte die Studie?

Eines der Ergebnisse war, dass das Aufwärmen an beiden Tagen zu einem enormen Anstieg (4,4% bzw. 4,5%) der Sprunghöhe beitrug. Des weiteres fand man heraus, dass sich die realisierte Sprunghöhe nach dem statischen Dehnen um durchschnittlich 2,6% verringerte bzw. nach der Entspannung um 2,2%. Nach dem Dehnen wurde bei 12 Versuchspersonen ein Abfall der Sprunghöhe registriert, nach dem Entspannen bei 10 Personen. Daraus folgt, dass die Veränderungen der Sprunghöhe in beiden Phasen signifikant korrelieren, es bestand nur ein geringer Unterschied.

Wie zahlreiche andere Studien bestätigt diese ebenso, dass sich statisches Dehnen negativ auf Kraft- und Schnellkraftleistungen auswirkt.

Zudem wird aufgrund der Höhe der Korrelation mit Vorsicht von einer beträchtlichen Bedeutung von psychophysiologischen Entspannungseffekten auf das Streching gesprochen. Die aus den Ergebnissen der Untersuchungen abgeleitete Schlussfolgerung ist auch, dass statisches Dehnen (ähnlich psychophysiologischer Entspannung) vermutlich zu allgemeinen Desaktivierungsprozessen führt, nicht zuletzt wegen reduzierter afferenter und efferenter Zuflüsse zur formatio reticularis. Eine Verstärkung dieser Vermutung entsteht durch andere Studien,

27

die einen Abfall der Reaktivkraftleistung nur beim statischen nicht aber beim dynamischen Dehnen finden. Trotzdessen besteht zwischen Dehn- und Entspannungseffekten kein vollständiger Zusammenhang, einige weitere Faktoren müssen ebenfalls eine Rolle spielen.

Literaturverzeichnis

REIß, PROF.DR.PAED.HABIL. M.,/ ALBERS, PROF.DR.MED. T., Studienbrief TrainingslehreIII. Unveröffentlichtes Studienmaterial der Deutschen Hochschule für Prävention und Gesundheitsmanagement. Saarbrücken, April 2010

REIß, PROF.DR.PAED.HABIL. M.,/ ALBERS, PROF.DR.MED. T., Übungskatalog Gruppentraining – Kapitel 4: Dehnübungen, Deutsche Hochschule für Prävention und Gesundheitsmanagement. Saarbrücken, ohne Jahrgang

WASTL, DR. P.: Koordinationstraining, Heinrich- Heine- Universität Düsseldorf, Institut für Sportwissenschaften, Quelle ohne Jahrgang. Online im Internet: http://user.phil-fak.uni-duesseldorf.de/~wastl/Wastl/MTT/PPKoSchnell-Internet.PDF [Stand: 12.08.2011]

WASTL, DR., P.: Thema: Dehnen, Heinrich- Heine- Universität Düsseldorf, Institut für Sportwissenschaften, 2005. Online im Internet: http://user.phil-fak.uni-duesseldorf.de/~wastl/Wastl/Fitness/Dehnen.PDF [Stand: 12.08.2011]

WIEMANN, K./KLEE, A.: Muskeldehnung zur Leistungsverbesserung im Sprint, Bundesinstitut für Sportwissenschaft (Hrsg.): Sportwissenschaftliche Forschungsprojekte. Erhebung 1992, Köln Selbstverlag 1993, S. 445. Online im Internet: http://www.biowiss-sport.de/despri.html [Stand: 07.08.2011]

WIEMEIER, J.: Dehnen und Leistung- primär psychophysiologische Entspannungseffekte?, Institut für Sportwissenschaft, TH Darmstadt, In: Deutsche Zeitschrift für Sportmedizin, Jahrgang 54, Nr. 10, 2003. Online im Internet: http://www.zeitschrift-sportmedi-zin.de/fileadmin/externe_websites/ext.dzsm/content/archiv2003/heft10/a03_10_0 3.pdf [Stand: 07.08.2011]

WYDRA, G., GLÜCK, S.: Zur Effektivität des Dehnens. In: CACHAY, K. et al. Sport ist spitze- Nachwuchsleistungssport aktuell zwischen Computer und Power-Food (S.103-118) Meyer & Meyer, Achen, Online Quelle ohne Jahrgang. Online im Internet: http://www.sportpaedagogik-sb.de/pdf/Effektivitaet.pdf [Stand: 12.08.2011]

Tabellenverzeichnis: